BEI GRIN MACHT SICH IHR WISSEN BEZAHLT

- Wir veröffentlichen Ihre Hausarbeit, Bachelor- und Masterarbeit

- Ihr eigenes eBook und Buch - weltweit in allen wichtigen Shops

- Verdienen Sie an jedem Verkauf

Jetzt bei www.GRIN.com hochladen und kostenlos publizieren

Bibliografische Information der Deutschen Nationalbibliothek:

Die Deutsche Bibliothek verzeichnet diese Publikation in der Deutschen Nationalbibliografie; detaillierte bibliografische Daten sind im Internet über http://dnb.d-nb.de/ abrufbar.

Dieses Werk sowie alle darin enthaltenen einzelnen Beiträge und Abbildungen sind urheberrechtlich geschützt. Jede Verwertung, die nicht ausdrücklich vom Urheberrechtsschutz zugelassen ist, bedarf der vorherigen Zustimmung des Verlages. Das gilt insbesondere für Vervielfältigungen, Bearbeitungen, Übersetzungen, Mikroverfilmungen, Auswertungen durch Datenbanken und für die Einspeicherung und Verarbeitung in elektronische Systeme. Alle Rechte, auch die des auszugsweisen Nachdrucks, der fotomechanischen Wiedergabe (einschließlich Mikrokopie) sowie der Auswertung durch Datenbanken oder ähnliche Einrichtungen, vorbehalten.

Impressum:

Copyright © 2016 GRIN Verlag, Open Publishing GmbH
Druck und Bindung: Books on Demand GmbH, Norderstedt Germany
ISBN: 9783668568877

Dieses Buch bei GRIN:

http://www.grin.com/de/e-book/378322/sind-digitale-spielraeume-eine-gefahr-die-zu-realitaetsverlust-fuehren

Freya Gerz

Sind digitale Spielräume eine Gefahr, die zu Realitätsverlust führen kann?

GRIN Verlag

GRIN - Your knowledge has value

Der GRIN Verlag publiziert seit 1998 wissenschaftliche Arbeiten von Studenten, Hochschullehrern und anderen Akademikern als eBook und gedrucktes Buch. Die Verlagswebsite www.grin.com ist die ideale Plattform zur Veröffentlichung von Hausarbeiten, Abschlussarbeiten, wissenschaftlichen Aufsätzen, Dissertationen und Fachbüchern.

Besuchen Sie uns im Internet:

http://www.grin.com/

http://www.facebook.com/grincom

http://www.twitter.com/grin_com

Philosophie des Spiels

Sommersemester 2015

Freie Universität Berlin

Hausarbeit

Sind digitale Spielräume eine Gefahr, die zu Realitätsverlust führen kann?

Freya Katharina Gerz

Studiengang: Philosophie und Geisteswissenschaften

Inhalt

Einführung 3

Das Spiel - Einige Ansätze 4

Warum spielt der Mensch? 6

Das Online Game 8

Konklusion 11

Literaturverzeichnis 12

Einführung

Menschen haben schon immer gespielt. Von dem bewussten Brettspiel mit festgelegten Regeln, bis zu dem unbewussten Spielen zum Beispiel mit einem Strohhalm oder Sand, ist es etwas, das den Menschen immer begleitet hat. Doch nicht nur der Mensch spielt, auch Tiere spielen und man spricht sogar von dem Spiel der Wellen oder der Blätter, dem Spiel des Windes. Das Spiel ist also etwas so Universelles, so dass es schwer ist sein Wesen auf treffende Weise zu beschreiben.

Der Duden bietet mit seiner Definition einen ersten Überblick. Das Spiel wird als eine „Tätigkeit, die ohne bewussten Zweck zum Vergnügen, zur Entspannung, aus Freude an ihr selbst und an ihrem Resultat ausgeübt wird"[1] bezeichnet. Die Vielfältigkeit des Spiels hat sich in den letzten Jahren jedoch noch erweitert, da es eine neue Form angenommen hat. Durch die zunehmende Digitalisierung der Gesellschaft verändern sich auch die Spielplätze. Eine Spielsammlung wird nicht mehr im Regal, sondern als App auf dem Computer, dem Smartphone oder dem iPad aufbewahrt. Das ist natürlich sehr praktisch, da man alle Spiele jederzeit auf einem digitalen Gerät abrufen kann. Dieses Phänomen führt zu einer zunehmenden Ludifizierung des Alltags, denn sei es auf dem Weg zur Arbeit oder zur Schule kann man schnell noch mal eine Runde Solitär spielen und auf Facebook den persönlichen Highscore mit dem eines Freundes vergleichen. Nun stellt sich die Frage, ob man nicht Gefahr läuft, wenn man ständig mit digitalen Spielräumen konfrontiert ist, weniger aufmerksam seiner Umwelt gegenüber zu sein. Je mehr Zeit man mit digitalen Gegenständen verbring, desto weniger aufmerksam ist man in der realen Welt. An dieser Stelle möchte ich auf ein paar Bilder einer Fotostrecke von Erick Pickersgill verweisen, die Menschen im Alltag ohne ihre Smartphones darstellt.[2] Es stellt sich daher die Frage, ob diese neue Errungenschaft ein Vorteil ist. Wenn man ständig in die Internet und Computerwelt abtaucht, nimmt man die Realität nicht mehr wahr und riskiert sie gänzlich aus den Augen zu verlieren.

In dieser Hausarbeit werde ich dieses Problem untersuchen, indem ich zunächst versuche mich dem besonderen Charakter des Spiels zu nähern und schließlich das herkömmliche, analoge Spiel mit dem Digitalen vergleichen. In diesem zweiten Schritt werde ich gleichzeitig herausfinden, ob der genannte Einwand gegen das Spiel berechtigt ist.

---

[1] Duden, Konrad:Das Spiel. http://www.duden.de/suchen/dudenonline/spiel%20 (10.11.2015)
[2] Pickersgill, Erick: Removed. http://www.removed.social/5wt3cqi7hzgeop9mgs3ebr48dhgxac (03.12.2015)

Das Spiel - Einige Ansätze

Wie ich in der Einleitung bereits angedeutet habe, handelt es sich bei dem Spielbegriff um einen universalen, allumfassenden Begriff, der jedoch in seiner Eigenart so besonders ist, dass es sehr schwer ist ihn zu fassen. Ich versuche nun mich ihm zu nähern, indem ich die bereits von anderen Philosophen beschriebenen Eigenschaften des Spiels untersuchen werde:

Huizinga formulierte die charakteristischen Merkmale des Spiels (vgl. Huizinga, Homo Ludens, S. 15). Das Spiel wird aus purer Lust betrieben und führt darum zur Freiheit. Das Spiel hat nichts mit dem Alltag oder dem realen Leben zu tun, dessen ist sich der Spieler auch bewusst. Trotzdem ermöglicht es dem Spieler, sich während des Spiels in einer Sphäre, einer Parallelwelt, zu bewegen. Das Spiel ist in Raum und Zeit begrenzt. Es ist aus, wenn seine rhythmische Bewegung innehält, da es einen Sieger und einen Verlierer gibt. Trotzdem bleibt das Spiel nach Beendigung dem Spieler als intellektuelles Gut in Gedanken, kann jederzeit wiederholt und weiter fortgeführt werden. Das Einhalten der Regeln ist essentiell, denn ohne sie ist das Spiel nicht möglich. Durch festgelegte Regeln, einen geregelten und meist hervorsehbaren Ablauf kontrastiert das Spiel in seiner Einheitlichkeit und Ordnung mit der oft unvorhersehbaren Unordnung und Verworrenheit der Realität. Der Spieler befindet sich in einer utopieähnlichen Vollkommenheit. Ein weiteres wichtiges Merkmal ist, die während eines Spiel herrschende Spannung, die den Spieler „in seine(r) Körperkraft, seine(r) Ausdauer, seine(r) Findigkeit, sein(em) Mut, seine(em) Durchhaltevermögen und zugleich auch seine(r) geistigen Kräfte..." testet. Zudem umgibt den Spieler sein eigenes faszinierendes Geheimnis in einer surrealen Welt. Zusammenfassend definiert Huizinga das Spiel folgendermaßen:

„Der Form nach kann man das Spiel also(...) eine freie Handlung nennen, die als „nicht so gemeint" und außerhalb des gewöhnlichen Lebens stehend empfunden wird und trotzdem den Spieler völlig in Beschlag nehmen kann, an die kein materielles Interesse geknüpft ist und mit der kein Nutzen erworben wird, die sich innerhalb einer eigens bestimmten Zeit und eines eigens bestimmten Raumes vollzieht, die nach bestimmten Regeln ordnungsgemäß verläuft und Gemeinschaftsverbände ins Leben ruft, die ihrerseits sich gern mit einem Geheimnis umgeben, oder sich als anders von der gewöhnlichen Welt abheben."[3]

Der ludische Philosoph Villém Flusser geht anders an dieses komplexe Thema heran. Er beginnt seinen Essay mit der Tatsache, dass bei dem Versuch dem Menschen seine ihm vorbehaltene und spezifische Fähigkeit zuzuschreiben, festzustellen ist, dass viele der Eigenschaften, die dem Mensch eigen sind, wenn man ihn mit dem Tier vergleicht, auch von den, vom Menschen geschaffenen Maschinen erfüllt werden. Nur das Spiel betrachtet er als dem Menschen eigen.

---

[3] Huisinga, Homo Ludens, S. 22

„Das Spiel sei jenes aus Elementen bestehende System, worin die Elemente sich regelmäßig verbinden. Die Summe der Elemente sei das Repertoire des Spiels. Die Summe der Regeln sei die Struktur das Spiels. Die Summe der möglichen Verbindungen des Repertoires in der Struktur sei die Kompetenz des Spielers. Und die Summe der vollzogenen Möglichkeiten des Repertoires in der Struktur sei das Universum des Spiels."[4]

Er unterschiedet drei Arten von Spielen; das Denkspiel, das Schachspiel und das Spiel der Naturwissenschaften. Jedes dieser drei Spiele besitzt sein eigenes Repertoire und seine eigene Struktur und sein eigenes Universum.

Außerdem ist zwischen offenen und geschlossenen Spielen zu unterscheiden. Das geschlossene Spiel hat ein festgelegtes Repertoire, eine festgelegte Struktur und ist irgendwann erschöpft. Das offene Spiel hat ein unerschöpfliches Repertoire und ist veränderbar. Es ist somit unendlich, allerdings in seiner Thematik begrenzt, denn es existiert kein allumfassendes Spiel. Schon diese Unterteilung bildet einen Widerspruch zu Huizinga, nach dessen Definition das Spiel einen festgelegten Raum und eine festgelegte Zeit hat.

Das offene Spiel kann erweitert und verengt werden. Erweitern des Repertoire bedeutet neue Elemente hinzufügen und verengen, Elemente zu verwandeln. (vgl. Flusser, S.3) Spiele überschneiden sich und bieten somit untereinander Vergleichsmöglichkeiten. Aus der Ernsthaftigkeit des Repertoires und der Struktur entwickelt sich ein Glaube an das Spiel, der notwendig ist um zu Spielen. Mit dem Glauben an das Spiel verliert der Spieler Freiheit, da er sich dem System des Spiels unterordnet. Um die Freiheit zu behalten, muss der Spieler sich, während des Spiel, darüber bewusst werden, dass er spielt. Nur mit diesem Bewusstsein kann man das Repertoire oder die Spielregeln ändern. Man nimmt also Abstand vom Ernst des Spiels. Hierdurch unterscheidet sich der Mensch vom Tier. Er nimmt Abstand vom Ernst des Lebens und verändert das Spiel nach seinem freien Willen. Im Gegensatz zu der Perfektion, der von ihm entworfenen Maschinen, verfälscht er es so wie es ihm gefällt.

Es ist festzustellen dass Huizinga und Flusser schlüssige, jedoch sehr unterschiedliche Meinungen darüber vertreten, was das Spiel ist. Für Huizinga ist das Spiel in Zeit und Raum abgeschlossen, Flusser betrachtet das Denkspiel als unendlich und sich ständig erweiternd. Die Freiheit, die Menschen, so wie Tiere durch das Spielen aus purer Lust am Spielen verspüren, wenn sie sich vollkommen hineinfallen lassen, wird bei Flusser erst durch die Emanzipation des Menschen über das Spiel erlangt.

Um den Spielbegriff zu verstehen, werde ich versuchen, mithilfe dieser beiden Definitionen,

---

[4] Villem Flusser, Spiele In Ist das Leben ein Spiel? Aspekte einer Philosophie das Spiels und eines Denkens ohne Fundamente, Florian Rötzer, International Fluset Lectures, Verlag der Buchhandlung Walter König, 2013

essentielle Fragen über das Spiel zu beantworten.

Was ist die Funktion des Spiels? Wie Huizinga feststellt hat das Spiel keinen höheren Sinn und wird um seiner selbst Willen gespielt. Es erfüllt keinen anderen Zweck als Spaß daran zu haben, zu spielen. Gleichzeitig verfolgt das Spiel allerdings auch einen gesellschaftlichen Zweck, der jedoch nicht vom Spieler angestrebt wird, das gemeinschaftliche Spiel, zusammen für ein Ziel zu spielen. Gewinnen und durch Zusammenhalt im Spiel den Gegner zu beseitigen fördert auch die Gemeinschaft im realen Leben. Somit hat das Spiel, ob bewusst oder unbewusst einen Einfluss auf das reale Leben. Es werden Verhaltensweisen übernommen, das Gefühl der Gemeinschaft wird beibehalten. Zudem ist die in in einem Spiel angewandte Mimikry, die Markierung, die die Zugehörigkeit zu einer Gruppe anzeigt auch im realen Leben zu beobachten. Die im Spiel gleichfarbigen Hütchen auf dem Mensch-ärgere-dich-nicht Spielfeld sind in der Realität Kulturen oder Subkulturen. Die Gruppe der schwarz gekleideten Techno-Szene unterscheidet sich auffallend von der Gruppe der farbenfrohen Hip-Hop Mode.

Warum aber spricht man vom Musik spielen und dem Wortspiel? Ist diese Kunst wirklich nur ein Spaß, dem man einfach so zur Unterhaltung nachgeht? Ein Mensch, der weder musiziert noch schreibt und sich auch für keine dieser beiden Dinge interessiert, würde auf die Frage vielleicht mit „Ja" antworten. Aber diesen Menschen gibt es nicht. Jeder hat das Verlangen nach Musik oder Literatur, weil Emotionen geweckt werden, weil sie im Menschen Gefühle hervorrufen, die ihn an etwas erinnern, ihn etwas erleben lassen oder ihn in einen Rausch versetzen. Man kann also sagen, dass das Musikspielen mehr ist als eine bloße Freude. Beim musikalischen Spiel werden mit der Sprache eines Instrumentes Gefühle ausgedrückt, es wird nicht nur musiziert sondern auch kreiert. (...)

Warum spielt der Mensch?

Wenn man spielt, befindet man sich in einem von der Realität unabhängigen Universum (vgl. Flusser, S.3). Durch das Spiel kann sich der Mensch, im Gegensatz zum Tier immer wieder gesteuert in diese Utopie versetzen, denn Tiere spielen lediglich unbewusst.

Zudem kann man sich aussuchen, was man spielt. Im Gegensatz zu dem von uns nicht beeinflussbaren Schicksal, sind Spielart- und verlauf durch das Anwenden von Regeln und Taktiken weitestgehend steuerbar. Ob man ein ruhiges strategisches Schachspiel oder ein hitziges Onlinespiel bevorzugt, ist die eigene Entscheidung. Durch die eine Dynamik des Spiels, auf und ab wie bei einem Pendel oder dem Spiel der Gezeiten, gelangt man in einen rauschartigen Zustand. Dieser Rausch, die Schönheit und Vollkommenheit der Utopie, macht süchtig.

Wie wir schon festgestellt haben, ist das Spiel ein in sich abgeschlossenes Universum, unabhängig von der Realität, die eigenständig existiert, jedoch scheint sie trotzdem einen Bezug zur Realität zu haben. Denn wie wir beobachtet haben, übernimmt man Verhaltensweisen aus dem Spiel.

Welchen Bezug hat also das Spiel zu dem wirklichen Leben? Sind die Grenzen festgelegt oder verschmelzen sie?

Durch sein Repertoire, seine Struktur und sein Universum ist das Spielen eine in sich abgeschlossene Handlung. Das Spiel hat nichts mit der Realität zu tun, jedoch beeinflusst es den Spieler, durch die Erfahrungen, die er während des Spiels macht. Auch wenn diese zunächst nichts mit der Realität zu tun haben. Je mehr man diese beiden Welten vermischt, desto schwerer wird es sie auseinanderzuhalten. Je realer und bildlicher die Welt des Spiels ist, desto leichter fällt es sich hineinzuversetzen.

Doch dieser Punkt wird ausführlicher im zweiten Teil bearbeitet.

Spiele unterscheiden sich indem, ob ein Spiel in seiner Dauer begrenzt oder ob es eine unendliche Bewegung ist, die immer fortgesetzt werden kann?

Eine Schachpartie hat ein Ende, wenn ein König im Schachmatt steht, ein Fußballspiel endet nach 90 min, das Musikspielen endet nach einem Musikstück oder nach einem gespielten Konzert. Aber ist somit das Spiel an sich beendet? Es kann jeder Zeit wiederholt werden. Man kann also nicht von dem Ende ausgehen, sondern viel eher von einem zu dem Rhythmus gehörenden Element des Spielverlaufs, das in Sequenzen unterteilt ist.

Schließlich, um im zweiten Abschnitt das analoge Spiel mit dem Spiel an sich vergleichen zu können, werde ich mich nach folgender, von mir entworfener Definition des Spiels richten, die ich als treffend und ausreichend präzise erachte. Das Spiel ist eine in sich abgeschlossene und trotzen immer wiederholbare Einheit. Alle Teile kann man immer wieder zusammensetzen. Seine Ordnung und Absehbarkeit gewährleistet dem Spieler Sicherheit und einen gottähnlichen berechnenden Standpunkt über das Geschehen. Sein rhythmischer monotoner Verlauf versetzt den Spieler in einen Rausch. Das Spiel hat keinen direkten Bezug zu der Realität, doch es verändert trotzdem den Spieler. Dadurch hat das Spiel ein hohes Suchtpotential für ein intelligentes Wesen, dass gelernt hat sich bewusst in den Rauschzustand des Spiels zu versetzen.

Nun haben wir, wie ich hoffe, eine etwas genauere und facettenreichere Vorstellung davon, was ein Spiel ist und in welcher besonderen Beziehung der Mensch zu ihm steht. Kommen wir nun zu unserem Hauptpunkt, dem Onlinespiel und seinen Einfluss auf unsere Realitätswahrnehmung. Wir untersuchen zuerst die besonderen Eigenschaften des Internets als Spielfeld. Schließlich widmen wir uns der, aus dem Internet hervorgehenden, neuen Form des Internet, dem Computerspiel. Wir beschäftigen uns mit der großen Faszination dieses Spiels, aber auch mit den Gefahren, die es birgt.

Der Spielraum Das Internet ist eine unendliche Baustelle. Alles ist in ständiger Bewegung und kann immer verändert werden, im Gegensatz zu der realen Welt, in der wir durch praktische und materielle Umstände gezwungen sind Dinge fertig zu stellen. Im Internet dagegen ist eine Verbesserung oder kurze Korrektur immer möglich. Nehmen wir um dieses Argument zu illustrieren das einfache Beispiel einer Tageszeitung. Jeder Artikel muss zu einem bestimmten Zeitpunkt fertig geschrieben sein, um in der Nacht gedruckt, geliefert und am nächsten Tag zum morgendlichen Kaffe gelesen werden kann. Bei Internet-Artikeln ist das anders. Sobald etwas geschieht erscheinen im Internet immer neue, aktuelle Artikel, die über die neuesten Informationen berichten.

Ständig wird etwas hinzugefügt und andere Annahmen, die ungenau oder falsch waren werden verbessert. Dazu kommt noch, dass bei vielen Internet-Zeitungen die Möglichkeit besteht, dass Leser die Artikel direkt kommentieren können. Der Artikel ist also in ständiger Bewegung und verändert sich permanent. Jeder hat die Möglichkeit etwas zu kommentieren, wo er will und wann er will. Er kann den Raum, das Universum des Internets so verändern, wie er möchte. Genauso verhält es sich auch mit Webseiten und Blogs. Jeder kann seinen eigenen Blog haben, Dinge posten und kommentieren und genauso verfällt es sich auch mit Online Games. Jeder kann sie spielen, sobald er Zugang zu einem Computer hat und durch sein Agieren die Gesamtheit des Spiels an sich verändern. Alles was im Internt zu finden ist kann also leicht verändert werden, jeder hat die Möglichkeit dies zu tun.

So gesehen könnte man das Internet als Werkzeug zum Bauen von Welten betrachten (vgl.: Rötzer, S.:10). Dieses Merkmal an sich findet man in der Definition des Spiels, von ihm geht eine besondere Faszination aus.

Kommen wir nun von dem Spielfeld zu dem Spiel an sich. Ebenso divers wie verschiedene Filmgenres sind auch die Onlinespiele. Und auch genau wie Filme sprechen auch sie unterschiedliche Bedürfnisse an. Beim onlinepoker, einem

Das Online Game

Strategiespiel geht es darum, Geld zu verdienen, bei Zelda darum, seinen Avatar durch Fantasiewelten zu führen.

Zur Übersicht werde ich einige Computerspielgenres aufzählen. Zunächst gibt es die sehr bekannten Action und Adventure-Spiele, Arcade Spiele, die man vor allem von Automaten kennt, Denkspiele, bei denen es um das Lösen von komplexen Problemen geht, Gesellschaftsspiele, die man sich wie eine digitale Form von Brett- oder Kartenspielen vorstellen kann, Jump-and-Rumspiele, bei denen man seinen Avatar durch verschiedene Landschaften und Level führt, Management, Rollenspiele, bei welchen man sich in einer Phantasiewelt einen eigenen Charakter erschaffen kann, Simulationen, Sportspiele, Strategiespiele und Edutaiment, ein Lerncomputerspiel und schließlich Shooter, umgangssprachlich auch Killerspiele genannt, letztere sind sehr umstritten.

Aber worin liegt nun die Faszination dieser neuen Formate des Spiels, die ganze Generationen in ihren Bann geschlagen hat und wird?

Untersuchen wir nun einige Aspekte, die mir dafür relevant erscheinen. Meistens agiert der Computerspieler, der Gamer, als Marionettenspieler. Wie bei dem analogen Spiel, kann er sich einen Avatar erschaffen. Im Gegensatz zu einem Monopolisier kann sich der Gamet seinen Avatar oft selbst zusammenstellen, ihn erschaffen, ihm sogar einen Namen geben. Der Avatar wirkt dadurch lebendiger, menschlicher. Deswegen ist es auch leichter sich mit ihm zu identifizieren.

Durch Tastenkombinationen erteilt er seiner Spielfigur einen oder mehrere Befehle, wenn er über Hindernisse klettern oder Feinde bekämpfen soll. Dabei werden gute Reflexe, Schnelligkeit und das Beherrschen der Befehle gefordert. Trotzdem ist es der Gamer, der Befehle erteilt, sein Spiel-ich, dass sich ausführt.

Im Gegensatz zum normalen Leben, ist das Spiel absehbar und berechenbar. Diese Eigenschaft ist beim Computerspiel besonders ausgeprägt. Der Spieler kann aussuchen, welchen Anforderungen er sich im Spiel stellt, welches Level er wählt, welches Spiel er spielt, welchen Gegnern er sich stellt. So kann man, bei guter Selbsteinschätzung mit einem Erfolgserlebnis rechen. Trotzdem wird man sich wahrscheinlich nicht langweilen, da der Computer auch in den verschiedenen Leveln den Schwierigkeitsgrad an die Leistung des Spielers angleichen.

Das Erfolgserlebnis wird durch ein direktes und bildliches Feedback ausgedrückt. Die Spielfigur wird stärker, hat etwas im Kampf gewonnen, ist der Held oder kommt in ein neues Level. Dies hat eine befriedigende Wirkung auf den Gamer. Sollte der Spieler

einmal schlecht in einem Spiel sein, kann er es einfach wechseln und sein Erfolgserlebnis in einem anderen Spiel erleben. Die Welt, in die man sich versetzt, wenn man Computerspiele spielt scheint unendlich, faszinierend, schön und interessant. Es braucht keine Fantasie, um sich in die bunten Welten zu stürzen, höchstens eine gute Grafikkarte. Deswegen ist es einfach und bequem sich in Computerspielen zu verlieren. Ein weiterer faszinierender Aspekt des Onlinegaming ist die Möglichkeit sich zu treffen und gemeinsam Computerspiele zu spielen, eine LAN-Party. Des Weiteren kann man auch online mit anderen Gamern in Kontakt treten und mit ihnen zusammen oder gegen sie spielen. Das Spiel weckt das Gemeinschaftsgefühl, ob virtuell oder real und eröffnet dem Spiel ‚durch das Internet, eine globale Größenordnung.

Doch die gerade erwähnte Größe und Internationalität der Onlinegames bietet nicht nur unglaublich große Möglichkeiten, sondern sie ist ebenso wenig kontrollierbar. Vor allem für junge Gamer kann das eine große Gefahr darstellen. Zwar existiert eine Altersbeschränkung, die Kinder vor Gewalt schützen soll. Diese ist jedoch erstens nur eine Richtlinie und nicht jedes Kind reagiert gleich auf belastende Eindrücke, zweitens kann diese Richtlinie durch das Internet leicht umgangen werden. Die Konsequenz daraus ist, dass junge Mensch oft schon sehr früh mit Sex, Gewalt und übermäßig hohen Stresssituationen konfrontiert werden, denen sie noch nicht gewachsen sind.

Zudem birgt das Onlinegame noch andere Gefahren, denen sich auch Erwachsenen nicht widersetzen können. Es wurde bereits gesagt, dass das Verhalten, welches man sich in Spielen antrainiert, auch in den Alltag mitgenommen wird. Durch das regelmäßige und exzessive Spielen von Shootern übernimmt man automatisch Handlungsschemata, die man als mehr als fragwürdig beurteilen kann. Dies ist ein Prozess, der nicht notwendigerweise passieren muss, aber passieren kann Wenn dem Spieler in der realen Welt ein ähnliches Problem widerfährt, würde er eher dazu neigen, mit Gewalt, wie er es oft im Spiel erfahren hat, zu reagieren. Natürlich muss es nicht zu so einem Verhaltensmuster kommen, aber es kann dazu führen und das ist schon schlimm genug. An dieser Stelle kann man das Beispiel unzähliger grausamer Amokläufe an Schulen nennen. Viele dieser armen verzweifelten Menschen waren im wirklichen Leben nicht sehr beliebt, nicht sehr auffällig, spielten oftmals viel und exzessiv „Ballerspiele", die sie auf die Idee, auf den Weg, zu ihren furchtbaren Taten brachten.

Zusätzlich, wenn man vollkommen in sein Spiel versunken ist und man am Computer sitzt, scheint die Zeit oft wie im Flug zu vergehen. Ständig passiert etwas Neues und nie langweilt man sich. Immer gibt es etwas zu tun. Eine Stadt wird angegriffen, eine Neue wird gebaut... man verfällt in eine Art Rausch und scheint die ganze Zeit produktiv und erfolgreich zu sein. Am Ende vernachlässigt man deswegen sein wahres Leben. Diese Gefahr lauert vor allem Menschen die sozial nicht gebunden, oft einsam und in sich gekehrt sind. Die Vertiefung in das Computerspiel führt sie immer weiter weg von sozialen Kontakten zum Unglücklichsein in der realen Welt.

Konklusion

Das Spiel ist etwas, das den Menschen nicht nur begleitet, sondern auch ausmacht. Es ist ein unabdingbares Element unseres Seins. Nach Flusser ist es das, was uns von allen anderen Lebewesen und Maschinen, die noch so intelligent sind, unterscheidet. Es ist ein Rausch, eine Utopie in die wir uns jederzeit zurückziehen können. Bei unserer Untersuchung haben wir dem Spiel einige markante Eigenschaften zuordnen können, die wir auch besonders ausgeprägt im Onlinegame wiedergefunden haben.

Hier liegt auch die Gefahr und gleichzeitig die Faszination dieser Form von Spiel. Es ist wenig mühsam sich in eine bereits vorhandene, sehr bildliche Traumwelt fallen zu lassen. Außerdem kann man sich sogar aussuchen in welche. Wie wir am Anfang bereits festgestellt haben, ist es schwerer den Unterschied zwischen Realität und Fantasiewelt herzustellen, je komplexer und bildlicher die Welt des Spiels ist. Die leichte und permanente Zugänglichkeit des digitalen Spiels birgt eine hohe Gefahr sich zu verlieren. Die Erfahrungen und Rollen, die wir in einem Spiel haben, bleiben auch nach Beendigung des Spiels in unserem Kopf. Da viele Situationen in Onlinespielen Momenten in der Realität ähneln, verschwimmt schnell an diesem Punkt die Grenze zwischen der Realität und dem Spiel, Verhaltensmuster werden übertragen. Der Trugschluss immer produktiv in einem Spiel zu sein, kann zu der Unproduktivität im wirklichen Leben führen. Immer mehr flüchtet man in diese Scheinwelt. Vermeintliche Freundschaften, die durch das Zocken entstehen sind nur virtuelle Freundschaften. Die Kommunikation verläuft nicht direkt sondern über das Spiel.

Das digitale Spiel ist bildlicher, die Simulation der Realität unterstützt diesen Aspekt, und intensiver als das Analoge. Schließlich sind die Gefahren des Spiels immer dieselben, nur bei digitalen Spielen sind sie unüberschaubarer und gefährlicher. Es ist also richtig, dass ein übermäßiger Onlinespiel-Konsum zu Realitätsverlust führen kann. Bei Computerspielen ist es also wichtiger als bei anderen Spielen sehr vorsichtig und bewusst mit ihnen umzugehen.

Literaturverzeichnis

Duden, Konrad: Das Spiel. http://www.duden.de/suchen/dudenonline/spiel%20 (10.11.2015)

Pickersgill, Erick,: Removed. http://www.removed.social/5wt3cqi7hzgeop9mgs3ebr48dhgxac (03.12.2015)

Huisinga, Johan, Homo Ludens, Rowohlt Taschenbuch Verlag, 2004, S. 22

Villem Flusser, Spiele In Ist das Leben ein Spiel? Aspekte einer Philosophie das Spiels und eines Denkens ohne Fundamente, Florian Rötzer, International Fluset Lectures, Verlag der Buchhandlung Walter König, 2013

Florian Rötzer, International Flusser Lectures, Verlag der Buchhandlung Walter König, 2013

BEI GRIN MACHT SICH IHR WISSEN BEZAHLT

- Wir veröffentlichen Ihre Hausarbeit, Bachelor- und Masterarbeit

- Ihr eigenes eBook und Buch - weltweit in allen wichtigen Shops

- Verdienen Sie an jedem Verkauf

Jetzt bei www.GRIN.com hochladen und kostenlos publizieren